ZAG HEROEZ

Miraculous™

En avant la musique !

Une série réalisée par Thomas Astruc
Bible littéraire : Thomas Astruc
Bible graphique : Thomas Astruc et Nathanaël Bronn
D'après l'épisode « Capitaine Hardrock »
écrit par Thomas Astruc, Fred Lenoir,
Jean-Rémi Perrin et Sébastien Thibaudeau.

Novélisation : Catherine Kalengula
Conception graphique : Carla de Cruylles
Mise en pages : Le chalet graphique

Hachette Livre, 58, rue Jean-Bleuzen, 92178 Vanves Cedex.

ZAG HEROEZ

Miraculous™

En avant la musique !

hachette
JEUNESSE

Marinette & Ladybug

Dans la vie,
Marinette a deux passions :
la mode et... Adrien !
Le problème, c'est qu'elle perd
tous ses moyens lorsqu'elle doit
lui parler. Pourtant, Marinette
cache un incroyable secret :
elle est Ladybug,
une super-héroïne, sûre d'elle
et déterminée !

Tikki

C'est le kwami de Marinette. Elle lui permet de se transformer en Ladybug, lorsqu'elle intègre ses boucles d'oreilles magiques, les Miraculous. Calme et rassurante, Tikki est toujours de bon conseil !

Adrien & Chat Noir

Adrien est LE garçon parfait : beau, sympa et populaire ! Comme Marinette, il mène lui aussi une double vie ! Il est Chat Noir, le complice de Ladybug, dont il est amoureux sans connaître sa véritable identité...

Plagg

Paresseux et un peu ronchon, le kwami d'Adrien ne l'aide pas toujours de gaîté de cœur ! Pour permettre à son complice de se transformer, Plagg doit intégrer sa chevalière.

Papillon

Personne ne sait
qui il est en réalité
ni où il se cache. Il a le pouvoir
de repérer les gens en colère
et de les transformer à distance
en super-vilains grâce à ses akumas.
Son but ? Voler à Ladybug et
à Chat Noir leurs Miraculous,
qui sont les objets magiques
les plus puissants
au monde.

Les akumas

Ces papillons chargés de magie peuvent intégrer l'objet fétiche d'une personne en colère et ainsi la transformer en super-vilain.

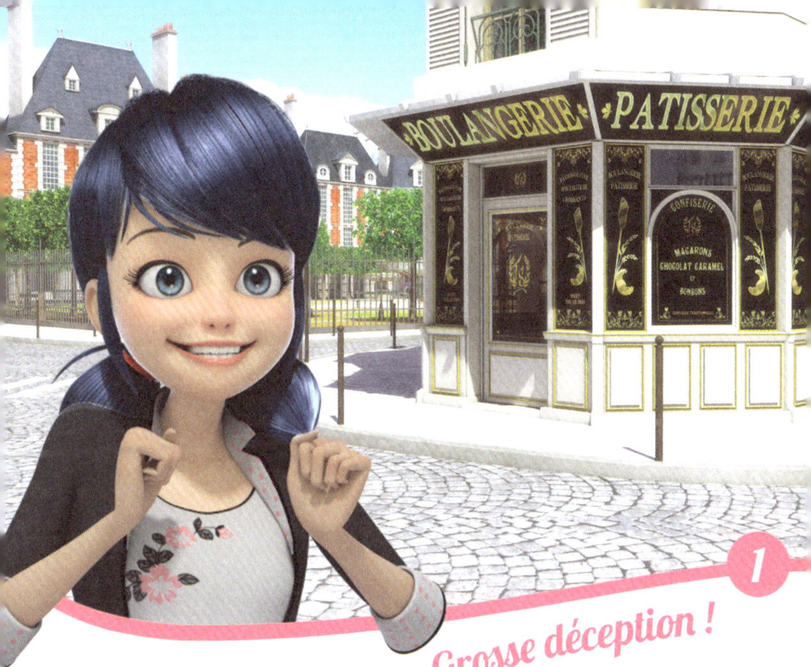

1
Grosse déception !

Aujourd'hui a lieu l'événement le plus romantique de l'année. Pas la Saint-Valentin, non. La Fête de la musique ! Anarka, la mère de Juleka, nous a invités à donner un concert sur sa péniche. Rien que ça, c'est déjà génial. Pourtant, ce n'est pas fini !

Adrien – *mon* Adrien – sera là.

Voilà pourquoi cette soirée promet d'être si romantique…

Enfin, pour l'instant, il y a encore du pain sur la planche ! Il faut d'abord installer les équipements et ranger le pont du bateau. C'est fou, ce bazar ! Il y a un tas de choses : cartons, bidons, vieille lampe à huile, bouée canard et j'en passe !

Il faut vite que je me débarrasse de tout ça. On ne sait jamais, Adrien pourrait m'inviter à danser… Je ne peux pas me permettre de trébucher sur un truc qui traîne !

Je veux que cette fête soit… parfaite.

Heureusement, chacun met la main à la pâte. Il y a Kim, Nino, Mylène, Rose, Ivan, Alya. Tous mes amis, quoi ! Sauf Adrien, qui n'est pas encore là. Mais il doit juste être occupé, c'est tout. Il va arriver d'une seconde à l'autre.

Pff, ce que c'est long une seconde sans Adrien…

Sur le pont, il y a tellement de désordre que je dois enjamber des cartons pour atteindre un micro posé dans un coin.

En reculant, je percute Mylène sans faire exprès.

— Oh, désolée ! je m'excuse, tandis que je passe sous la guirlande de fanions qu'elle est en train de suspendre.

Puis, je vais donner le micro à Rose, qui est visiblement en train de le chercher dans les cartons, un trépied métallique à la main.

J'en profite pour ramasser deux ou trois choses au passage, comme des livres. Mais qu'est-ce qu'ils font sur le pont ? Sa guitare électrique dans les mains, Juleka me sourit.

— Tiens, je dis à Rose quand j'arrive à sa hauteur. Je crois que j'ai trouvé ce que tu cherches.

— Ah, merci Marinette, me répond-elle, sans s'apercevoir qu'elle parle dans le micro. Tu te rends compte, notre tout premier concert ! Je suis sûre que ça va être trop génial !

Ouille, ça siffle un peu ! Mais bon, j'imagine qu'elle va vite arranger ça. Je file ensuite voir Alya. En passant, j'aperçois Ivan qui fait des réglages sur sa batterie.

— Il n'est toujours pas arrivé, je me lamente auprès de ma meilleure amie – pas besoin de lui faire un dessin, elle sait de qui je veux parler.

Elle tient l'échelle sur laquelle est perché Nino, chargé de vérifier les haut-parleurs.

— Ne t'inquiète pas, Marinette, me rassure-t-elle. Le concert n'a pas encore commencé.

— Peut-être qu'il n'a pas l'adresse de Juleka ? je m'affole. Qu'il s'est trompé de jour ? Qu'il s'est perdu ? Tu peux demander à Nino ? Mais attention, il faut que ça ait l'air... naturel.

Alya lève la tête.

— Hé, Nino ! Tu ne saurais pas ce que fabrique Adrien par hasard ?

— Euh, il avait un truc à faire avec son père. Il vient après.

Ouf, quel soulagement ! Me voilà rassurée.

Alors que je me réjouis, la mère de Juleka surgit.

— Capitaine Anarka sur le pont ! s'écrie-t-elle avec énergie. Alors, les préparatifs avancent, moussaillons ? Prêts à faire la fête de…

Soudain, elle s'interrompt et s'approche de moi, les sourcils froncés. Elle est plutôt intimidante !

— Qu'est-ce que tu fabriques, boucanière ? m'interroge-t-elle, en attrapant mon carton des mains.

— Euh, bonjour madame, je réponds, un peu impressionnée. Je faisais du rangement. Votre péniche sera propre comme jamais.

— Tu ranges ma péniche ? s'exclame-t-elle, avant d'éparpiller sur le pont toutes les choses que je viens de ramasser. Ha, ha, ha ! Mais personne ne range jamais rien ici. Ma fille ne t'a pas prévenue ? On trouve ça plus vivant comme ça. Tout est permis sur le *Liberté*. C'est du chaos que naît la création. Le désordre, c'est la vie !

J'aurais presque envie de crier : « À vos ordres, capitaine ! »

Avec mes amis, nous continuons de tout préparer. Tandis que je remets un peu de bazar dans la cabine de pilotage – c'est le monde à l'envers ! –, Nino reçoit un appel.

— Salut, quoi de neuf, Adrien ? demande-t-il à son interlocuteur.

Forcément, je tends l'oreille.

— Mais qu'est-ce qui s'est passé ? s'étonne Nino juste après. Ouah, il est dur, ton père ! Bon ben, bonne chance, on se voit demain matin alors.

Il n'a pas besoin de me raconter ce qu'Adrien lui a dit. J'ai deviné. Le garçon qui fait battre mon cœur ne viendra pas, voilà. Moi qui rêvais tant de partager cette Fête de la musique avec lui ! J'ai espéré pour rien. Encore une fois. Toujours la même histoire qui se répète – sauf que je n'aime pas trop la fin. Pourquoi son père est-il aussi sévère avec lui ? Il ne pourrait pas le laisser respirer de temps de temps ? Je ne demande pas grand-chose pourtant. Juste une petite soirée de rien du tout !

Nino parti, Alya vient passer un bras autour de mes épaules.

— Allez Marinette, me dit-elle. Ce n'est pas comme si c'était la première fois que son père l'empêchait de sortir. D'ailleurs, le contraire aurait été surprenant !

Elle me prend une statuette des mains pour la poser plus loin. Au même instant, un cri résonne. C'est Anarka. Mais qu'est-ce que j'ai encore fait de mal ?

— Ah, moussaillonnes, jamais d'objet en métal à côté d'une boussole !

s'exclame-t-elle en brandissant le bibelot. Vous m'entendez ? Cette matière attire l'aiguille comme un aimant. Voilà pourquoi il faut l'éloigner.

Je récupère l'objet, le moral dans les chaussettes.

— Je connais bien le problème, je soupire. Je suis comme cette statuette,

et Adrien est ma boussole. On est condamnés à rester loin l'un de l'autre, pour toujours.

— Je trouve que c'est plutôt l'inverse, plaisante Alya en souriant. La statuette, c'est lui. Toi, tu es la boussole qui s'affole quand il s'approche.

Elle essaie juste de me réconforter, elle est tellement sympa. Comme à chaque fois que je suis déçue, elle m'assure qu'il y aura plein d'autres occasions de me rapprocher d'Adrien. Que ça viendra un jour, tout ça, tout ça. Mais à force, je finis par avoir du mal à y croire.

Rose apparaît en bas de l'escalier.

— On est parés, capitaine, annonce-t-elle au garde-à-vous. Euh, mais il nous manque Luka.

Anarka se tourne vers moi.

— Marinette, c'est bien ça ?

— Oui, madame… euh, capitaine !

— Puisque je t'ai relevée de ta corvée de ménage, va dire à Luka que tout le monde l'attend pour les répétitions, me dit-elle.

Luka ? C'est la première fois que j'entends ce prénom.

— Oui, d'accord, j'accepte. Mais qui est Luka et où est-ce qu'il est ?

— Luka est mon fils, me répond Anarka. Il doit être dans sa cabine.

Je ne savais même pas que Juleka avait un frère ! Là, maintenant, je ne suis pas trop d'humeur à discuter... Mais bon, il vaut mieux obéir aux ordres du capitaine. Pas envie qu'elle me jette aux requins !

Enfin, sauf si ça pousse Adrien à venir à mon secours !

2

Luka

Je descends à l'étage des cabines, la tête ailleurs. Si seulement je connaissais une formule magique pour rendre le père d'Adrien plus gentil ! Je m'en servirais sur le champ. Mais tout ce dont je dispose, c'est un yoyo, et je ne peux pas l'utiliser pour ligoter M. Agreste et l'enfermer dans un placard, le temps d'une soirée.

Dommage.

Je traverse le salon et m'avance dans la pièce du fond. J'aperçois alors une silhouette du coin de l'œil. Surprise, je pousse un cri. Je suis entrée dans la chambre d'un garçon sans même m'en rendre compte ! Les paupières closes, ce dernier est assis en tailleur sur son lit, un médiator dans chaque main et une guitare électrique posée près de lui. C'est sûrement Luka. Oups ! Voilà qu'il ouvre les yeux ! De grands yeux bleus, très beaux...

Je ne sais pas pourquoi, je me mets à bredouiller au lieu de parler normalement.

— Ah… euh. Je suis Ma… Ma… Murimanette.

Mais qu'est-ce qui m'arrive ? D'habitude, ce genre de choses ne se produit qu'avec mon Adrien. Le pire, c'est que ça continue :

— Ta mère m'a demandé de te dire que le poulpe… euh, le *groupe* t'attend pour les… les…

C'est pas vrai ! Je me demande ce que Luka va penser de moi.

— Salut, Ma… Ma… Murimanette, s'amuse-t-il, en riant doucement.

Déjà que je me sentais nulle, ça ne s'arrange pas. J'ai carrément envie de m'enfuir en courant. En plus, je ne suis même pas certaine qu'il ait compris mon message.

— Oh, désolé, s'excuse-t-il, en voyant ma tête. Je communique mieux avec ceci.

Il saisit sa guitare et m'invite à venir m'asseoir près de lui. Il semble gentil…

— C'est bizarre, me dit-il, une fois que je suis installée. On dirait que ton cœur fait quelque chose comme ça.

Il joue quelques notes. Quelques notes qui m'envoient direct dans un autre monde… À croire que cet air a été créé juste pour moi – ou que Luka lit dans mon âme.

Magique ! Transportée, je ferme les yeux…

— Comment tu fais ? je m'étonne, lorsqu'il a terminé. C'est fou !

— La musique est plus claire que les mots, m'explique-t-il.

Je crois comprendre ce qu'il veut dire. En tout cas, la musique est plus claire que le charabia qui sort parfois de ma bouche ! Ça c'est sûr !

Je me lève pour aller admirer la collection de médiators de Luka qui est accrochée au mur – juste sous un poster de Jagged Stone. D'ailleurs, parmi les médiators, j'en repère un à l'effigie du musicien.

— On dirait que tu apprécies Jagged Stone, j'observe.

— C'est mon chanteur préféré, me répond Luka.

Ça nous fait un point commun. Il s'approche de moi et m'offre le médiator de Jagged. C'est tellement gentil ! Je sens mon cœur qui fond.

—Je ferais mieux d'aller sur le pont avec… le poulpe, c'est ça ? me demande-t-il avec un sourire en coin.

— J'ai vraiment dit ça ? je me désespère. Oh, la honte !

— Tu es drôle, Marinette, déclare-t-il d'un ton doux, avant de s'en aller.

Bon, au moins, il ne me trouve pas trop nulle. Avec un sourire, je range le médiator dans ma poche. Maintenant, il faut que je file à mon poste, sur le pont.

La Fête de la musique va bientôt commencer… avec ou sans mon Adrien.

Pour Adrien, la Fête de la musique va se résumer à un récital de piano donné… dans sa chambre. C'est pour ça que son père l'a puni. Gabriel Agreste trouve que son fils n'a pas assez progressé. La faute à qui, d'après lui ? À ses amis qui le distraient et qui l'empêchent de se concentrer !

Résultat : Adrien est condamné à rester à la maison. Tandis qu'il se désespère penché sur son piano, la journaliste Nadja Chamack parle de la fête à la télévision.

— Cette année, informe-t-elle, la Ville de Paris a organisé toute une série de concerts gratuits avec de grandes stars, qui se tiendront dans des lieux prestigieux. En direct, pour en parler, monsieur le maire, André Bourgeois.

Adrien jette un coup d'œil à l'écran.

— En effet, explique le père de Chloé, il y aura le groupe XY, place de la Concorde ; Laura Rossignol au Louvre ; l'Orchestre philarmonique à l'Hôtel de Ville ; et M. Jagged Stone à la tour Eiffel !

Dire qu'Adrien va manquer tout ça ! Pourtant, ce n'est pas ce qu'il regrette le plus…

— Ne te mets pas dans des états pareils ! tente de le réconforter Plagg. Vois le bon côté des choses. Tu pourras profiter de tous les concerts à la télévision sans avoir besoin de sortir de ta chambre.

— Le seul qui m'intéressait, c'était celui de mes amis, confie le garçon.

— Pourquoi tu ne me l'as pas dit plus tôt ? demande le kwami. En tant qu'ami, je vais te donner un concert privé que tu n'es pas près d'oublier !

Plagg se met à chanter – ou plutôt à brailler – une chanson sur son fromage préféré.

— *Camembeeeeeert ! Fromaaaaage ! Tu m'émerveeeeeilles ! Camembeeeeert ! Grâce à toi, mes papilles s'éveeeeeillent !*

Pas vraiment la performance du siècle. Mais Adrien sait que son ami fait des efforts. Et puis, c'est gentil d'essayer de lui remonter le moral – sauf que ça ne marche pas vraiment.

— Merci, Plagg.

Et il se remet à jouer du piano. Le même morceau qu'il répète, encore et encore…

C'est l'heure des répétitions ! Avec Alya, nous nous asseyons sur le pont pendant que nos amis musiciens s'installent.

— Ça va ? s'inquiète ma meilleure amie. Tu tiens le coup ?

Je hoche la tête. La dernière chose que je voudrais, c'est gâcher la fête avec ma tristesse. Quand je pense au pauvre Adrien qui, lui, n'aura même pas la chance d'assister au concert !

Ça me brise le cœur. Quelle injustice !

Parmi les musiciens, j'aperçois Luka, et nous échangeons un sourire.

— Tiens, j'ai l'impression que la boussole Marinette a trouvé une nouvelle statuette, me taquine Alya.

Hein ? Mais qu'est-ce qu'elle raconte ? Ce n'est pas ça du tout, voyons !

— Quoi ? je m'offusque. Luka ? Alors là, même pas en rêve ! Tu rigoles ! Pff ! Ha, ha, ha ! Il est cool, sympa, tout ce que tu veux, mais il n'y a qu'une statuette au monde qui me fasse perdre le nord.

C'est moi, ou j'en fais un peu trop pour me justifier, là ?

— Voilà, moussaillons ! s'écrie Anarka, derrière ses platines de DJ. Accrochez-vous à vos tricornes ! Quand tu veux, Luka !

À son signal, le frère de Juleka dévoile un immense haut-parleur. Quand Mylène nous tend des bouchons pour les oreilles, je ne comprends pas trop pourquoi. Mais je ne tarde pas à saisir !

À peine Luka a-t-il joué les premières notes, que tout Paris se met à trembler ! L'onde sonore renverse même des voitures sur son passage.

Eh bien, on peut dire que ça décoiffe !

3

Une musique ébouriffante

Tout le monde ne semble pas apprécier la musique « renversante » d'Anarka... Très vite, la péniche est cernée par la police. Le commissariat a envoyé des voitures, des bateaux et même des hélicoptères !

Le père de Sabrina – l'agent Roger – descend de l'un des véhicules.

— Madame Anarka, crie-t-il dans un mégaphone. Vous avez perdu la tête, enfin ! Vous êtes à 160 décibels. C'est dix fois le bruit d'un avion au décollage ! Ça ne va pas du tout, ça. Il va falloir jouer autre chose.

— Je vous rappelle qu'aujourd'hui c'est la Fête de la musique, agent Roger, rétorque la mère de Juleka. Mon équipage peut jouer ce qui lui chante !

Mais le policier ne paraît pas très convaincu. Je le comprends un peu. Même moi, je préférerais profiter de la soirée… sans bouchons dans les oreilles. Et en évitant de mettre Paris sens dessus dessous !

— La Fête de la musique, oui. La fête du bruit, sûrement pas ! la contredit l'agent Roger. Soit vous

arrêtez votre vacarme, soit je fais interdire votre concert.

Oups ! Il est temps d'intervenir ! Je m'approche d'Anarka.

— Peut-être qu'on pourrait baisser le son, capitaine ? je suggère doucement. Comme ça, il n'y aurait plus de problème.

Elle m'écoute à peine.

— Non ! refuse-t-elle, en regardant le policier. C'est hors de question ! Si j'ai nommé mon galion *Liberté*, ce n'est pas pour rien. Question de principe. Vous connaissez la liberté d'expression ? Ici, c'est chez moi, et je suis seule maîtresse à bord.

Nom d'un yoyo, les négociations semblent mal engagées ! Mécontent, l'agent Roger s'avance sur la passerelle, en brandissant son carnet de contraventions. Il demande si Anarka a une autorisation de stationnement pour sa péniche. La mère de Juleka rétorque que la Seine n'appartient à personne. Le policier fait alors remarquer que les quais sont la propriété de la ville. Et ainsi de suite.

Un vrai dialogue de sourds !

Les contraventions pleuvent sur Anarka. Trouble à l'esthétique publique – à cause du bazar qui jonche le pont, et qui semble gêner l'agent Roger. Décorations trop décoratives – là, je crois qu'il veut parler des guirlandes et de toutes les choses installées pour la fête.

Autant de feuilles que la capitaine du *Liberté* se fait une joie de déchirer.

Mais le policier n'abandonne pas. Il lui donne de nouvelles amendes – pour avoir gâché du papier, pour provocation et pour… mal de mer !

Anarka semble hors d'elle…

Une telle soif de liberté contrariée par l'intervention d'un policier… Voilà de quoi ravir le Papillon ! De son antre, il ressent toute la colère d'Anarka. Et il s'empresse d'envoyer un akuma vers sa péniche.

La capitaine s'est réfugiée dans la cabine de pilotage. Comment l'agent Roger ose-t-il lui donner des ordres ? C'est inadmissible ! Alors qu'elle rumine sa colère, l'akuma se fond en elle. Dès lors, le Papillon peut lui parler par télépathie.

— Capitaine Hardrock ! Ainsi, les autorités t'empêchent de faire autant de bruit que tu veux ? À partir de maintenant, les gens n'entendront rien d'autre que ta musique.

Pour cela, il lui offre un navire indestructible. Grâce à celui-ci, elle pourra sillonner Paris et faire résonner sa musique partout où elle ira – et aussi fort qu'il lui plaira ! En échange, le Papillon n'a qu'une seule exigence : que la nouvelle super-vilaine lui rapporte les Miraculous.

La liberté absolue contre un trésor ? Il y a des propositions qui ne se refusent pas !

J'espère qu'Anarka a réussi à se calmer, et qu'elle va trouver un terrain d'entente avec l'agent Roger. Ce serait tellement dommage de devoir annuler le concert ! Alors que je me trouve sur le pont avec mes amis, un nuage magique recouvre soudain la péniche.

Oh non !

Une fois le nuage évaporé, le bateau est totalement transformé.

Exit la charmante péniche où il fait bon vivre. Place à une espèce de vaisseau pirate, version futuriste ! Mon petit doigt me dit qui est derrière tout ça. Le Papillon, bien sûr !

Et sa nouvelle proie n'est autre… qu'Anarka !

— Eh ! Hissez la grand-voile ! commande la super-vilaine qui se tient derrière la barre. Larguez les

amarres ! Il y a de piraterie dans l'air, moussaillons !

Une touffe de cheveux roux sur la tête, un bandeau de corsaire, et la panoplie complète du parfait pirate. Il ne manque plus que le perroquet et la jambe de bois ! Près de moi, ses enfants semblent stupéfaits. Il y a de quoi !

— Maman ? s'étonne Juleka.

— Qu'est-ce qu'elle fait ? demande Luka.

— Votre mère a mis les voiles, les coupe-jarrets, répond leur mère en dégainant une épée. Je suis Capitaine Hardrock. Et aujourd'hui, la ville de Paris va trembler sous le feu de mes canons.

Elle change son épée en longue-vue et scrute les alentours. Je crains le pire !

— Cap à l'ouest ! décrète-t-elle, avant de tourner la barre. *Liberté*, prochaine escale : Jagged Stone et la tour Eiffel !

Tandis que le bateau quitte le quai, la super-vilaine promet qu'il n'y aura bientôt plus qu'un seul concert à Paris. Le sien. Sa technique pour y parvenir : se débarrasser des autres musiciens ! En attendant, elle nous ordonne de jouer pour elle.

Pas question !

Luka tente de la raisonner.

— Maman, arrête ! Ne gâche pas la fête !

Je le soutiens :

— Vous ne pouvez pas forcer les gens à écouter votre musique !

— On ne jouera pas dans ces conditions, affirme Ivan.

Capitaine Hardrock transforme son épée-longue-vue en micro.

— Une mutinerie ? s'emporte-t-elle. Sur mon navire ? *Liberté*, capture ces gibiers de potence !

L'instant d'après, nous nous retrouvons ligotés par une avalanche de chaînes tombées du ciel. Puis, le pont penche sous nos pieds, et nous roulons dans les profondeurs du bateau !

J'aurais dû savoir qu'il ne servait à rien de vouloir discuter avec une super-vilaine…

Mais qu'est-ce que je vais faire ?

4

Prisonniers

La capitaine Hardrock est déchaînée ! Son bateau est trop haut pour passer sous les ponts qui enjambent la Seine ? Aucune importance ! D'un rayon surpuissant, le *Liberté* les réduit en miettes.

La tour Eiffel est maintenant à sa portée.

— Rien, ni personne ne m'empêchera de jouer ma musique ! clame la super-vilaine. Feu à volonté !

Aussitôt dit, aussitôt fait – son navire lui obéit au doigt et à l'œil. Une pluie de boulets s'abat sur la scène, installée au pied du monument… des boulets un peu spéciaux ! Ce sont en réalité des haut-parleurs qui diffusent un son assourdissant.

Les mains sur les oreilles, Jagged et ses techniciens prennent la fuite à toute vitesse.

Pas de concert pour la star… Ni pour les autres musiciens, d'ailleurs !

Ce soir, il n'y aura pas de jaloux. Capitaine Hardrock a assez de boulets pour tout le monde !

À qui le tour ?

Dans sa chambre, Adrien regarde un flash spécial.

— Paris est une fois de plus la cible d'une super-vilaine, annonce Nadja Chamack, la journaliste. Celle-ci sabote tous les concerts les uns après les autres. Allez vite vous mettre à l'abri !

Les images montrent Capitaine Hardrock à la barre de son bateau destructeur. De quoi faire bondir Adrien de son siège.

— Punition ou pas, tu connais la musique, Plagg ! lance-t-il.

Il est vrai que le refrain est simple comme bonjour. Trois mots seulement : « Plagg ! Transforme-moi ! » Une fois changé en Chat Noir, Adrien bondit par la fenêtre et file vers la Seine…

Catastrophe ! Avec mes amis, nous sommes prisonniers dans la cale et, pendant ce temps, la super-vilaine peut s'en donner à cœur joie. Elle saccage tout sur son passage ! Je dois agir, et vite !

Mais comment ? Enchaînée dos à dos avec Luka, j'aperçois Tikki qui entrouvre mon sac. D'un clin d'œil, elle me confirme qu'elle est prête à passer à l'action ! Je jette un regard à la ronde. Personne ne fait attention à nous.

C'est le moment ou jamais ! Mon amie sort du sac, se fond dans le cadenas, et nous libère en un éclair. Top !

— Ouahou ! s'étonne Luka. Comment tu as fait ?

Que répondre ? Au secours ! Vite, une idée !

— Ben… euh, avec ça ! je réplique en montrant le médiator qu'il m'a offert.

— Incroyable, s'extasie-t-il. Tu es une magicienne, Marinette.

Non, non, juste une super-héroïne. Mais ça, bien sûr, je ne peux pas le lui dire. Il me tend la main pour m'aider à me relever.

— Ah oui, tu trouves ? je réponds. C'était trois fois rien. Magicienne, vraiment ?

Je ne sais pas pourquoi, son compliment me met dans tous mes états.

Luka a la voix si douce. Et ses yeux sont tellement captivants…

— Hum, hum, intervient Alya. Il y en a qui sont toujours enchaînés.

Au même instant, nous entendons des ricanements derrière la porte. Anarka arrive ! Avec Luka, nous nous élançons vers une porte.

— On revient ! je dis à mes amis encore prisonniers. C'est promis.

Une fois dans la chambre de Luka, celui-ci s'empresse de bloquer la porte avec sa guitare. Mais la super-vilaine tambourine ! Elle ne va pas tarder à entrer.

Sans hésiter, Luka ouvre un hublot. Puis, il me fait signe de me glisser sous son lit. Lorsque Capitaine Hardrock surgit, il se met à crier par l'ouverture :

— Sauve-toi, Marinette !

Il fait croire à la super-vilaine que je me suis enfuie. Je le trouve vraiment courageux, ce garçon, et gentil en plus ! C'est vrai quoi, il n'a pas hésité à m'aider.

Surtout que Capitaine Hardrock n'hésite pas à s'en prendre à lui. Elle l'enchaîne sans pitié et le renvoie dans la cale avec les autres prisonniers.

Une fois la pirate partie, je sors de ma cachette.

— Pfiou ! soupire Tikki. C'était moins une.

— Vite ! je lui dis. Il faut que je sauve mes copains !

Il n'y a pas une seconde à perdre. Mes amis ont besoin de moi ! Alors, je chante mon morceau préféré. Celui qui commence par « Tikki », et qui finit par « Transforme-moi ! ».

Un instant plus tard, je deviens Ladybug. Gare à toi madame la pirate ! La moussaillonne en combinaison à pois n'a pas dit son dernier mot !

Dès que j'arrive sur le pont, je découvre un spectacle terrible ! La super-vilaine détruit tous les ponts qui se dressent sur son chemin. Juste pour gâcher le concert des autres musiciens !

— *Liberté* ! crie-t-elle. Feu sur XY !

Encore un groupe qui ne pourra pas jouer, ce soir. Je dois absolument arrêter ça ! Par chance, je ne vais pas être seule pour affronter Capitaine Hardrock. Chat Noir arrive… d'une façon assez originale, je dois dire : tandis que la super-vilaine le mitraille d'une volée de boulets-haut-parleurs, mon coéquipier bondit de l'un à l'autre, pour atteindre le bateau.

Trop fort !

Sauf que notre ennemie le fait ligoter dès qu'il atterrit sur le *Liberté*. Enfin, c'était quand même malin ! Je me dépêche de délivrer Chat Noir, d'un coup de yoyo.

— Attrape-les ! ordonne ensuite la super-vilaine à son navire de guerre.

Des chaînes volent de partout ! Heureusement,

avec Chat Noir, on est bien équipés : yoyo et bâton à l'action ! Alors que nous repoussons l'attaque, une sirène retentit : la police ! L'agent Roger approche, à la tête d'une petite flotte de vedettes.

— Au nom de la loi, je vous ordonne de vous arrêter ! s'exclame-t-il dans son mégaphone.

Oh non, mais je n'y crois pas ! Pense-t-il vraiment être de taille contre Capitaine Hardrock, avec ses trois malheureuses embarcations ?

Mitraillés de boulets, bateaux et policiers prennent leur envol. Ils vont s'écraser contre le mur du quai !

Sans hésiter, Chat Noir et moi nous élançons à leur secours. Je crée un filet de sécurité avec mon yoyo pour permettre à l'agent Roger et à ses collègues d'atterrir sans encombre.

— Merci beaucoup Ladybug et Chat Noir, nous dit le policier, une fois hors de danger.

— Restez à l'abri avec vos hommes, je lui demande. Et nous, on s'occupe d'elle.

Mais la capitaine nous bombarde déjà ! Facile de deviner quel est son but – en plus de sa furieuse envie de gâcher la Fête de la musique, bien sûr : elle veut s'emparer de nos Miraculous pour les donner au Papillon !

Si elle pense qu'on va la laisser faire, elle se trompe !

Avec mon coéquipier, nous nous dressons, prêts pour le combat.

— J'espère que tu as le pied marin, chaton, je plaisante.

— Tant que je reste au sec, c'est au poil ! rétorque-t-il.

D'un lancer de yoyo, je me retrouve sur le pont du *Liberté*. Chat Noir, lui, préfère sa technique consistant à sauter sur les boulets qui volent. Mais le résultat est le même.

— Capture-les ! s'écrie aussitôt Capitaine Hardrock.

Et voilà qu'elle recommence avec ses chaînes ! Nous réussissons quand même à nous approcher de la super-vilaine. Après un court affrontement – yoyo et bâton contre épée –, elle bondit en haut d'un filet accroché au mât.

— Une idée d'où se cache l'akuma ? me demande Chat Noir.

— Quelque part sur la péniche, je réplique, sans cesser d'esquiver les chaînes.

Pas très précis comme réponse, je l'admets…

— Dans ce cas, je peux tout régler avec un Cataclysme, propose mon coéquipier, en tendant déjà la main.

Je l'arrête avec mon yoyo.

— Non, il y a des prisonniers dans la cale, j'explique. Si tu coules le navire, ils risquent la noyade.

Pendant ce temps, Capitaine Hardrock a trouvé une nouvelle cible. Le concert de Laura Rossignol au Louvre ! Je ne vois qu'une solution pour l'empêcher d'agir : immobiliser son navire. Mais comment ?

Chat Noir tente de déchirer la voile du bateau avec ses griffes, sans succès. De mon côté, j'essaie de tourner la barre pour dévier notre trajectoire.

Rien à faire, le gouvernail est bloqué !

5

Une boussole... déboussolée

— Ha, ha, ha, ricane Capitaine Hardrock. *Liberté* n'obéit qu'à une personne. Moi ! Attrape-la !

J'esquive les chaînes me tombent dessus, et je file dans la cale pour secourir mes amis.

— Ladybug ! se réjouit Alya, en me voyant.

Je suis soulagée de constater qu'ils sont tous sains et saufs ! Je fends leurs chaînes avec mon yoyo, puis je tends la main à Luka pour l'aider à se relever.

— Marinette va bien ? me demande-t-il aussitôt.

Ah, ce qu'il peut être chou ! Je lui souris.

— Oui, je réponds. C'est elle qui m'a prévenue.

— Décidément, cette fille est vraiment courageuse, commente-t-il.

Je ne sais plus où me mettre. Marrante, magicienne et, maintenant, courageuse. C'est la première fois qu'un garçon me fait autant de jolis compliments…

Mais ça ne doit pas me faire oublier ma mission ! Malheureusement, je ne peux pas sortir mes amis de là pour l'instant. Le temps que je les ramène un à un sur la terre ferme, Capitaine Hardrock pourrait s'en prendre à eux.

Trop dangereux !

Je décide de lancer mon yoyo en l'air.

— Lucky Charm ! je m'écrie.

Les coccinelles magiques qui s'en échappent se transforment en une… chaîne – encore une ! – qui me retombe dans les mains. Qu'est-ce que ça veut dire ? En attendant de le comprendre, je la glisse sur mon épaule et je prends un air confiant, histoire de rassurer mes copains.

— N'ayez pas peur, je leur dis. Je vais vous sortir de là.

Sur ces mots, je fonce aider Chat Noir. Je trouve mon coéquipier en plein duel avec Capitaine Hardrock. Mais c'est elle la plus forte ! Munie de son épée, elle parvient à le repousser.

— Capture-le ! ordonne-t-elle à son bateau.

Je commence à en avoir sérieusement assez de cette chanson ! Voilà Chat Noir enchaîné au grand mât.

— Ton Miraculous sera mon trésor de guerre, minet, déclare la supervilaine – sûrement encouragée par le Papillon.

Au moment où elle tend la main vers la bague, je lance mon yoyo pour l'arrêter et l'attirer sur le pont. Elle dégaine son épée.

— Chacun son tour, coccinelle de malheur ! Tu es la prochaine sur ma liste !

Un nouveau duel s'engage, entre elle et moi cette fois. C'est qu'elle sait se battre, la pirate ! Alors que je bataille, la voix de l'agent Roger résonne à nouveau sur les flots. Cette fois, le policier est à bord d'un pédalo ! Un pauvre petit pédalo contre un galion ! Cet homme n'a vraiment pas froid aux yeux !

— Au nom de la loi, je vous demande d'arrêter vos actes de piraterie ! lance-t-il, dans son mégaphone.

Et c'est reparti pour un lancer de boulets ! L'agent Roger s'envole, puis atterrit dans un buisson. Bon, au moins, il n'a rien ! Débarrassée de l'importun, la super-vilaine se retourne.

— En garde ! me prévient-elle.

Elle paraît très surprise de ne pas me voir. J'ai profité de l'arrivée du policier, pour me cacher à l'avant du bateau avec Chat Noir.

— Si vous ne cédez pas vos Miraculous, menace-t-elle, ma prochaine cible sera le maire, M. Bourgeois, et son orchestre de pacotille. *Liberté*, cap sur l'Hôtel de Ville !

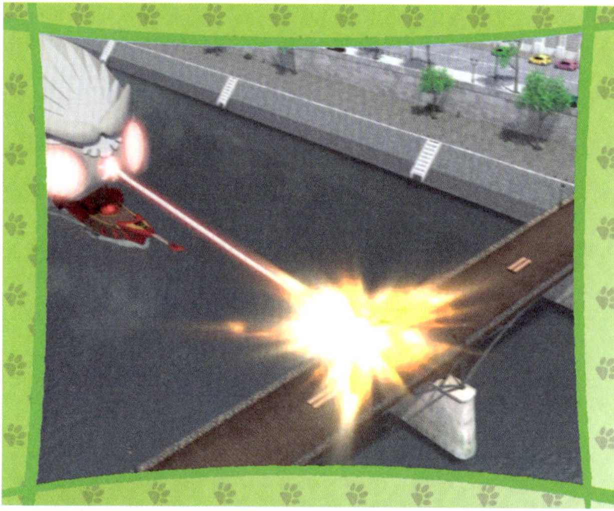

D'un rayon, elle détruit un nouveau pont. Pendant ce temps, Chat Noir et moi tâchons d'évaluer la situation.

— Merci ma Lady, me dit mon coéquipier. Un peu plus et je nourrissais les poissons.

— On a un problème, j'explique, en ôtant la chaîne que je porte à l'épaule. Je n'ai pas pu libérer les otages, et je n'ai pas la moindre idée de ce que je dois faire de ça.

— C'est sans doute un signe pour te faire comprendre que tu es enchaînée à moi pour toujours ! croit-il bon de plaisanter.

Comme si c'était le moment de rigoler ! Mais bon, Chat Noir restera toujours... Chat Noir. Impossible de le changer ! Je jette un coup d'œil aux alentours. La pirate se tient derrière la barre. Face à nous se dresse l'île de la Cité. Je repense aux paroles d'Anarka tout à l'heure à propos des objets métalliques qu'il ne faut jamais placer près d'une boussole. Le métal attire l'aiguille comme un aimant…

Ça y est, j'ai trouvé !

— Je dirais plutôt qu'il est temps de se *dé-chaîner*, je réplique en me levant. Prêts pour l'abordage ?

— À tes ordres, Capitaine ! me répond Chat Noir.

Lorsqu'elle nous aperçoit, la super-vilaine éclate d'un grand rire victorieux.

— Ah, vous revoilà, vous ! L'heure est venue de vous envoyer au fond de la Seine, une bonne fois pour toutes.

Forcément, elle ordonne à son bateau de nous capturer. Mais on est parés !

Chat Noir attrape l'extrémité de ma chaîne, moi, l'autre, et nous courons vers la super-vilaine pour l'attraper. Puis, en un éclair, nous la ligotons à la barre. La boussole se dérègle aussitôt. Mon plan fonctionne !

— Non ! rugit Capitaine Hardrock.

Son bateau vire brusquement de bord. Parfait ! Derrière nous, l'agent Roger est de retour – sur une bouée canard cette fois. Le moins que l'on puisse dire, c'est qu'il n'abandonne jamais !

Je n'ai pas le temps de m'occuper de lui. Comme je l'avais espéré, le *Liberté* fonce droit sur l'île de la Cité.

Le bord du quai fait comme un tremplin, et le bateau s'envole avant de retomber lourdement sur le sol.

On a réussi !

Chat Noir brandit le poing.

— Cataclysme ! s'exclame-t-il.

Sa main chargée d'énergie, il s'empresse de réduire le bateau en miettes. Les prisonniers sont libres.

L'akuma aussi. À moi de l'attraper et de lui rendre sa jolie apparence.

Je fais tourner mon yoyo pour le capturer.

— Tu as assez fait de mal comme ça, petit akuma. Je te libère du mal !

Voici venu le moment de mon refrain préféré. Celui où je n'ai que deux mots à prononcer :

— Miraculous Ladybug !

je m'écrie, en lançant ma chaîne.

Il suffit d'un instant pour que tout redevienne comme avant. Je suis contente. La Fête de la musique aura bien lieu…

— Je vous souhaite un bon concert, je dis à mes amis et Anarka, regroupés sur le pont de la péniche.

Puis, je me dépêche de filer.

Mission accomplie !

Mission accomplie ! se dit Adrien, en regagnant sa maison.

Même s'il ne peut pas sortir s'amuser, le garçon est quand même heureux d'avoir sauvé la Fête de la musique. Sa Lady a été formidable – comme toujours ! Mais là, c'est le dur retour à la réalité. Son père veut savoir s'il a progressé au piano.

Les mains sur son clavier, Adrien a un moment d'hésitation.

— Voulez-vous jouer ce morceau avec moi, père ? demande-t-il en souriant.

— Oh ! J'ai… j'ai bien peur que… commence M. Agreste.

— S'il vous plaît, l'implore le garçon. À défaut d'aller au concert de mes amis, accordez-moi au moins ça.

Son père finit par le rejoindre – à la plus grande joie d'Adrien. Leurs mains se mettent à jouer ensemble, et c'est juste… parfait. Une fois le morceau terminé, M. Agreste se tourne vers son fils.

— Tu peux aller au concert de tes amis, si c'est ce que tu veux, déclare-t-il.

Adrien n'en croit pas ses oreilles !

— Oh, merci beaucoup !

Et là, il fait une chose qu'il aimerait pouvoir faire plus souvent : il serre son père dans ses bras.

Sur la péniche, l'agent Roger – qui décidément ne se laisse jamais décourager ! – contrôle le son de nos instruments. Je croise les doigts !

— C'est toujours trop fort à mon goût, et quelques décibels au-dessus de la limite, affirme le policier, mais je laisserai passer pour cette fois. Après tout, c'est la Fête de la musique !

Comme on dit dans les contes de fées, tout est bien qui finit bien ! Ou presque. Adrien… Alors que je pense à lui, je le vois apparaître sur la passerelle. Je rêve ou quoi ?

— Salut, tout le monde ! nous lance-t-il.

Plus beau, tu meurs. Mais soudain, j'aperçois quelque chose qui traîne sur le pont. Oh non, Adrien va se prendre les pieds dedans !

— Attention, les corchouades ! je lui crie.

Et ça recommence ! Ma langue dit encore n'importe quoi !

— Euh, les cordages ! je rectifie.

Trop tard. C'est la chute ! En plus, une sorte de grosse boîte lui tombe dessus. En l'ouvrant, Adrien découvre un vieux synthé qui semble l'enchanter. Anarka lui dit que c'est une antiquité dont plus personne ne sait jouer… Sauf mon Adrien ! Luka l'aide à se relever.

— Bienvenue dans le groupe, Adrien.

— Merci, euh…

— Luka, se présente le frère de Juleka.

En les voyant tous les deux ensemble, j'ai comme un bug. Je ne sais plus trop qui regarder. Je suis comme… déboussolée.

Maintenant, place au concert ! Si on m'avait dit un jour que la douce Rose aimait chanter du hard rock métal, je ne l'aurais jamais cru.

Et si on m'avait affirmé que mon cœur pourrait battre pour deux garçons à la fois…

Fin

Retrouve très bientôt
Ladybug et Chat Noir
dans une nouvelle aventure
en Bibliothèque Rose !

As-tu lu les premiers tomes des aventures de Ladybug et de Chat Noir ?

Miraculous
LA BIBLIOTHÈQUE rose
Supermenteuse !
Miraculous
LA BIBLIOTHÈQUE rose
LadyChloé
Miraculous
LA BIBLIOTHÈQUE rose
Votez Marinette !
Miraculous
LA BIBLIOTHÈQUE rose
Panique au zoo !
Miraculous
LA BIBLIOTHÈQUE rose
Le mystère du Papillon
Miraculous
LA BIBLIOTHÈQUE rose
Star de la télé !
Miraculous
LA BIBLIOTHÈQUE rose
Une nouvelle héroïne
Tous tes héros sont sur :
www.bibliotheque-rose.com

Table

PAPIER À BASE DE
FIBRES CERTIFIÉES

hachette s'engage pour l'environnement en réduisant l'empreinte carbone de ses livres. Celle de cet exemplaire est de :
400 g éq. CO_2
Rendez-vous sur
www.hachette-durable.fr

Photogravure Nord Compo - Villeneuve-d'Ascq

Imprimé en Roumanie par G. Canale & C. S.A.
Dépôt légal : novembre 2018
Achevé d'imprimer : mars 2019
35.5863.9/02 – ISBN 978-2-01-707172-3
Loi n° 49956 du 16 juillet 1949
sur les publications destinées à la jeunesse